Mi primer libro sobre los

Juegos Olímpicos

© Del texto: Vicente Muñoz Puelles, 2020
© De las ilustraciones: Jorge del Corral, 2020
© De esta edición: Grupo Anaya, S.A., 2020
Juan Ignacio Luca de Tena, 15. 28027 Madrid
www.anayainfantilyjuvenil.com
e-mail: anayainfantilyjuvenil@anaya.es

Primera edición, enero 2020

ISBN: 978-84-698-6571-2
Depósito legal: M-35102-2019
Impreso en España - Printed in Spain

PAPEL DE FIBRA
CERTIFICADO

Mi primer libro sobre los Juegos Olímpicos

Vicente Muñoz Puelles

Ilustraciones de Jorge del Corral

En Grecia hay una ciudad en ruinas llamada Olimpia.

Allí, los antiguos griegos construyeron unos templos dedicados a sus dioses y celebraban unas competiciones deportivas en su honor.

Hoy, pocos se acuerdan de los dioses griegos. Pero aquellas competiciones, los Juegos Olímpicos, se siguen celebrando en todo el mundo.

Cada cuatro años, antes de que empiecen los Juegos, la antorcha olímpica vuelve a encenderse en el antiguo templo de la diosa Hera, en Olimpia, y viaja por tierra, mar o aire, a la ciudad donde se celebran las competiciones.

Yo soy la llama olímpica, y voy a contaros mi historia.

Un mes antes del inicio de los Juegos,
los atletas llegaban a Olimpia y empezaban
sus entrenamientos.

Las pruebas de atletismo se hacían
en el estadio, donde cabían unas
50 000 personas.

A un lado de la pista, sentados en una plataforma de piedra, se colocaban los jueces de las competiciones.

Los ganadores solo recibían una corona de olivo, pero el verdadero premio era el honor de la victoria.

Hace 2 500 años, el ejército persa desembarcó en la llanura de Maratón.

Aunque eran muchos menos, los griegos lucharon contra ellos y vencieron.

Un hombre muy veloz, llamado Filípides, llevó la noticia a la ciudad de Atenas.

—¡Hemos ganado! —dijo, y cayó muerto.

En recuerdo de esa carrera, en los Juegos Olímpicos se celebra la prueba del maratón, en la que los atletas corren la misma distancia que corrió Filípides.

Hubo un tiempo en que estaba prohibido que las mujeres participasen en los Juegos de Olimpia.

Un día, varias de ellas se reunieron y acordaron hacer un nuevo tipo de juegos, para competir entre ellas.

Encendieron una antorcha y me llevaron al estadio, donde corrieron con el pelo suelto y vistiendo una túnica corta.

Como en el caso de los hombres, las ganadoras recibían coronas de olivo.

En los Juegos Olímpicos, lo importante no es ganar, sino participar.

Además, son muchas las mujeres que han participado y ganado, superando a veces grandes dificultades.

En los Juegos Olímpicos de Río destacó, por ejemplo, la presencia de una gimnasta de diecinueve años, Simone Biles, que consiguió cuatro medallas de oro y una de bronce.

Se corrían las eliminatorias de
los 5 000 metros femeninos, en los
Juegos Olímpicos de Río.

De pronto, dos corredoras tropezaron
y cayeron.

—¡Levántate! —gritó una.

—¡Son los Juegos Olímpicos! —dijo
la otra.

—¡Hay que terminar esto!

Así, animándose mutuamente, llegaron a la meta y se abrazaron.

Como premio a su deportividad, los jueces decidieron clasificar a ambas.

Se llamaban Nikki Hamblin y Abbey D'Agostino.

Los Juegos Olímpicos dejaron de celebrarse durante algún tiempo. Pero su recuerdo no se había perdido.

Por fin, en 1896, volvieron a celebrarse. Ahora, en vez de hacerlos siempre en Olimpia, cada cuatro años se cambiaba de ciudad. Primero fue Atenas, luego París, luego… Hace tanto que casi no me acuerdo.

Para los Juegos Olímpicos de Ámsterdam, en 1928, los holandeses levantaron en el estadio una torre, donde encendieron el fuego olímpico.

Era algo así como un faro.

Años después, se les ocurrió la idea de llevarme de viaje.

Me encendieron en el templo, en Olimpia, y me prendieron en una antorcha.

Luego, 3 000 corredores, que se iban relevando cada 400 metros, se turnaron y atravesaron los ríos y las montañas de

media Europa, hasta llegar al estadio olímpico de Berlín.

Allí, mi llegada fue recibida con gritos y aplausos.

Habían estado esperándome, porque los Juegos no podían empezar sin mí.

Desde entonces, he pasado de un corredor de relevos a otro infinidad de veces, en numerosos países del mundo.

He viajado en piragua, en tren y en camello.

Incluso llegué a desplazarme bajo el agua.

Eso fue en los Juegos de Sidney, en Australia.

Debidamente protegida, pasé de un buzo a otro, mientras me enseñaban las maravillas submarinas de la Gran Barrera de Coral. Luego me llevaron al estadio.

Mi viaje más alocado fue en 2004, cuando di la vuelta al mundo.

En un avión visité todas las ciudades donde se habían celebrado los Juegos y algunas regiones como África, América del Sur y la India, donde nunca había estado.

Después de pasar por los cinco continentes, volví a Atenas, a tiempo de inaugurar los Juegos.

No quiero ni pensar qué habría sucedido
si hubiese llegado tarde.

Los Juegos Olímpicos tienen sus símbolos. Yo, la antorcha olímpica, soy uno de ellos. Represento la unidad y la amistad entre todos los pueblos.

También está la bandera olímpica, que lleva cinco anillos de colores. Simboliza los cinco continentes, unidos por el deseo de una paz duradera.

En la ceremonia de inauguración suena el himno olímpico. Quizá lo hayas oído alguna vez.

Los Juegos Olímpicos también tienen sus mascotas. Las más famosas son el osito Misha y el perro Cobi.

Durante la ceremonia de inauguración de los Juegos, un atleta sostiene la bandera olímpica y pronuncia este juramento:

«En nombre de todos los competidores, prometo que participaremos en estos Juegos Olímpicos, respetando y cumpliendo las normas que los rigen, comprometiéndonos a un deporte sin dopaje y sin drogas, con un auténtico espíritu deportivo, por la gloria del deporte y el honor de nuestros equipos».

Es un buen juramento. ¿No te parece?

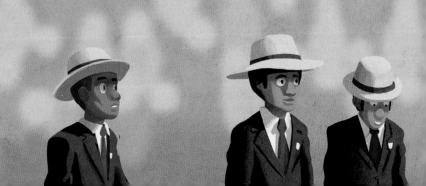

Los Juegos Olímpicos se han convertido en el mayor acontecimiento deportivo internacional, tanto por el número de deportes que se practican en ellos como por el número de atletas participantes de todo el mundo.

En el siglo XX dejaron de celebrarse tres veces, a causa de las guerras.

Esperemos que no haya más guerras de ningún tipo, y que los Juegos Olímpicos del futuro puedan celebrarse en paz y con espíritu deportivo, como en la antigua Grecia.

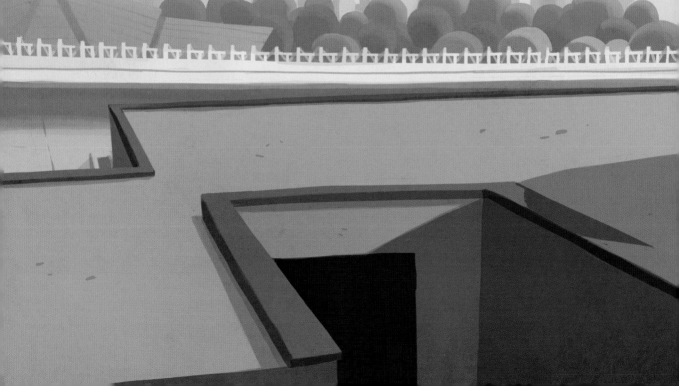